吉
大吉

みたい！　しりたい！　しらべたい！

日本の占い・まじない図鑑

1 国を動かし危機をのりこえる占い・まじない

監修　中町　泰子

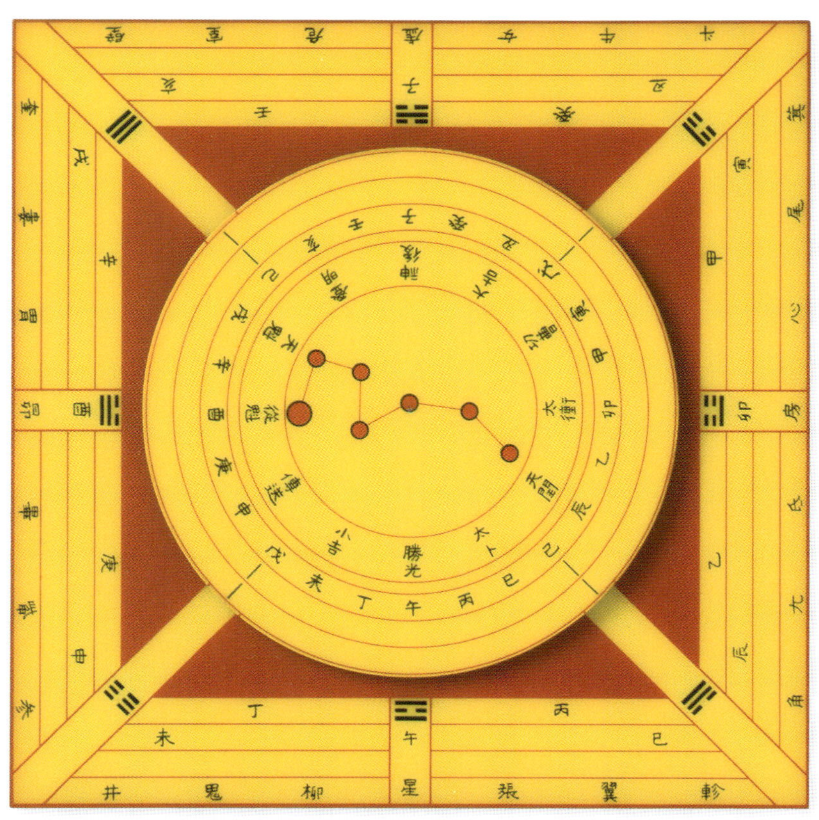

ミネルヴァ書房

占いとまじないの力

中町 泰子

1.占いとまじないのはじまり

みなさんにとって、占いやまじないが気になるのはどのようなときでしょう。自分の性格や才能、あるいは気になる人との相性を占いで知りたいときですか？　それとも、大事な試験や試合の前に、よく効くまじないで勝利を手にしたいときでしょうか。

わたしたちは、文字をもたない時代から、生きていくために占いやまじないをおこなってきました。占いやまじないは、現代のように移りかわる流行現象ではなく、かつては危難をのりこえ、国を動かすためのよりどころとされた大切な知恵でした。

本書では、占いとまじないのはじまりから、呪術者や占い師の活躍、まじないの道具、民間でおこなわれた豊作の占いや雨ごい、病を避けるまじないを中心に解説しています。

日本では、縄文時代以前からまじないがおこなわれてきました。まじないは、神さまや精霊などの人智を超えた力を借りて、望みをかなえようとする行為です。ことばやしぐさ、舞うことで超自然的な力に働きかけるまじないもありますが、まじないの道具である「呪具」をつかうこともあります。縄文時代の呪具として、壊された土偶が多くみつかっています。それらはまじないや祭りにつかわれたとされ、あらかじめ手足の接合部分が弱く、壊れやすくつくられていました。土偶を壊し、捨てさることで、災いをはらうことや安産祈願をしたと考えられています。

府中市の本宿町遺跡から出土した縄文時代中期の土偶。
（府中市教育委員会所蔵、府中市郷土の森博物館提供）

一之宮貫前神社でおこなわれている鹿占神事（太占）。
(一之宮貫前神社提供)

占いは、ある決まった一定の方式を読みとり、物事の真実や神さまの意思、未知の事柄を知ろうとする行為です。占いとまじないは深い結びつきがあり、しばしば同時におこなわれます。かつての日本では、政治も神意に沿っておこなわれ、神さまと交流する祭りでは占いがおこなわれました。

古代人は災害の原因を神さまの怒りとおそれ、豊かな実りは神さまの恵みだと感謝しました。自然の変化には神さまの意思を感じ、占いやまじないは、畏敬の念を抱く神さまと交信する手立てでもありました。原始・古代の日本列島でおこなわれた占いに、太占があります。鹿や猪の肩甲骨を火箸状のもので焼き、骨に入ったひびの長さや穴の形状などをみて占うものです。現在でも、東京都の武蔵御嶽神社や群馬県の一之宮貫前神社では太占が神事として継承されています。武蔵御嶽神社では、毎年1月3日に鹿の肩甲骨を焼き、生じたひびの位置でその年の米、黍、粟、ジャガイモ、ニンジンなど25種の作物の実りを占います。一之宮貫前神社は明治時代以前まで、神社を支える領地、「神領」を31ヶ村もっており、そうした村からは生産物がおさめられ、ときには村人が労働奉仕に出ました。12月8日の神事では、雄鹿の肩甲骨を焼いた錐で貫き、その通り具合から、31の村の吉凶を大吉、中吉、小吉、吉、凶とみていきます。これは、新しい年の作物の実りや、村落の運勢を占う年占といえます。

2.亀の甲羅に刻まれた占い

占いがなければ、日本に漢字は伝わっていなかったかもしれません。それはいいすぎかもしれませんが、漢字の成立と占いには深い関係があるのです。

日本古来の太占は、弥生時代以降に、亀の甲羅を焼いて占う亀卜が中国からもたらされると衰退しました。当時の人には、太占よりも進んだ正確さ、わかりやすさがあったのでしょう。亀卜は古代中国の殷王朝（紀元前16～前11世紀ごろ）で、国のまつりごとを定めるのに盛んに用いられました。この占いには淡水にすむ亀の、背中側ではなく腹側の甲羅がつかわれています。占いでは、腹側の甲羅の裏に縦長のひびを入れ、その横には丸く浅いくぼみを掘ります。そして丸いくぼみの方に熱した棒を押しつけると、「卜」という形のひび割れができ、その形から神意を判断しました。占いを意味する卜という漢字は、甲羅にあらわれたこのひび割れの形からきています。占いの結果を長くとどめるために、甲骨文字が生まれましたが、そこには自然や動物など、物の形をかたどる象形文字がみえ、

亀甲に刻まれた
甲骨文字（レプリカ）。
（福井県生涯学習・文化財課提供）

漢字の原初的なすがたになっています。文字をわざわざ小刀で亀甲に刻んだ意味は、神意を永遠にとどめる意図もあったのでしょうが、占いの行為を神聖化し、その結果を示すことで、王の権威を高めることが狙いであったと考えられています。

日本での亀卜には海亀の甲羅がつかわれ、政治や病気の原因などについて占われました。京都の大将軍八神社に残る、江戸時代後期の未使用の亀甲（→P12）は、占いの際には表面に「卜」の線を引き、裏面をあぶって表面に生じたひびと「卜」の線との関係から神意をみるものです。長崎県対馬でおこなわれていた亀卜では、甲羅の表面に将棋の駒の形を切り、「マチ」とよばれる筋目を入れて火であぶりました。それは律令時代に朝廷で、国家祭祀のためおこなわれていた方法であるといわれています。

甲骨文字はその後長い時代のなかで変化をつづけ、漢字となって日本に渡来したのはおよそ1600年前です。わたしたちの日常生活のなかで、なくてはならない漢字が古代中国の占いにルーツをもち、亀の甲羅に刻まれた神さまのことばであったことに、占いがもつ大きな力を感じずにはいられません。

3.人の顔・形で病気を防ぐ、退ける

冬になると毎年インフルエンザが流行します。人の集まる場所に出かけるときにはマスク、帰宅したら手洗いやうがいをすすめられますが、それは口や鼻といった外界との境界からウイルスが侵入しないように、またばい菌を流し清めようとする予防行為です。

病気はどこからきて、どこから入るのでしょう。医療が発達していない時代、急性の伝染病「疫病」をもたらすのは鬼や疫病神とされ、予防や治療のためにまじないがおこなわれました。悪鬼がやってくるのは人びとが暮らす村の外からであり、境や辻といった村の境界には、悪鬼らをおそれさせ、侵入を踏みとどまらせるつくりものがまつられました。辻、峠、坂、橋といった境の場所は、精霊や妖怪、鬼や疫病神などこの世ならぬ存在が行き来する特別な場所なのです。

疫病をはじめとする、害虫や災害といったさまざまな災厄の侵入を回避するためにつくられたもののひとつが大わらじです。これは、大きなわらじを履くほどの化け物が村にいることを示すもので、威嚇する力をもっています。また、大きな藁人形もつくられており、秋田県湯沢市の村境の「鹿島様」は、高さが3～4メートルもある人形道祖神で、疫病神ににらみをきかせています。

横浜市戸塚区下倉田町にある南谷戸の大わらじ。ここは、鎌倉道と東海道の分岐点にほど近く、昔から往来の多いところで、旅人の安全祈願のため、大正初期から大わらじがつくられるようになった。

秋田県湯沢市の岩崎地域・緑町でつくられた鹿島様。
（秋田県 元気ムラ支援室提供）

さかのぼって奈良時代から平安時代の人びとは、素焼きの土器の胴部に墨で人の顔を描き、病気の予防や、既にかかった病気を治すために、それを水に流したと考えられています。こうした墨書きの顔のある土器は「人面墨書土器」とよばれ、日本各地で出土しています。奈良県大和郡山市の稗田遺跡では辻の河跡から、京都府の長岡京では溝から、千葉県佐倉市からも人面墨書土器がみつかっているので、当時は大いに実行されたまじないであったといえます。この土器のまじない法は、自分の病気やけがれを息に吹きこんで土器に移し、川に流してはらうものであったとされています。

病気や罪、けがれの災厄を、一年に二度、人形をした紙「形代」ではらい清める儀式に神社での「大祓」があります（→p29）。多くは明治時代以降に各地の神社に広まった儀式ですが、毎年６月と12月の最後の日に、参拝者は茅の輪をくぐり、人形で体をなで、息を吹きかけたものをおさめて神職より祈祷を受けます。けがれを移した人形は、川や海に流されるか浄火でお焚き上げされますが、こうしたはらい清めは人面墨書土器のまじないにつながっています。

疫病神に警告したり村の外に追いたてるまじないは、病の神さまもまた人と同じように心をもち、おそれ、怒り、喜ぶ存在だと信じる気持ちからきています。疫病除けのまじないは、わたしたちにとって自らの身を清めるはらいであると同時に、病の神さまへの働きかけなのです。

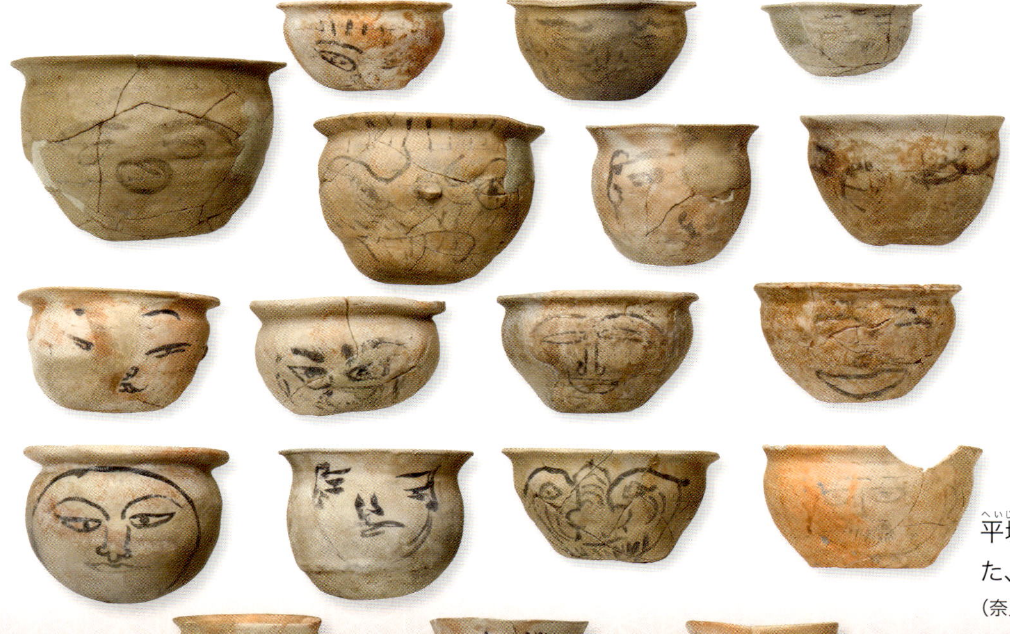

平城京跡から出土した、人面墨書土器。
（奈良文化財研究所提供）

もくじ

図鑑の見方

この本では、日本の歴史や文化などに由来のある占い・まじないを紹介しています。

☆見出し

☆解説

☆占い・まじないがおこなわれた当時の資料や、つかわれた道具の写真

☆関連する情報

もっと知りたい

よりくわしい内容や関連する事がらを紹介しています。

占い・まじないのはじまり

神さまをまつるための儀式やまじない、神さまの意思を知るための占いは、かなり古い時代からおこなわれていました。狩りなどをして暮らしていた人びとは、山や海、木や大地などに神さまがやどると信じ、おそれ敬いました。

日本のまじないのはじまり

「まじない」とは、神さまや仏さま、精霊などの力をかりて、災いをとりのぞいたり、願いをかなえたりしようとすることで、「呪術」ともいいます。まじないをおこなう人は「まじない師」「呪術者」「シャーマン」などとよばれます。

日本では、縄文時代以前からまじないがおこなわれていたと考えられています。実際に、日本各地にある石器時代や縄文時代の遺跡からは、まじないや儀式につかわれたと考えられる石や土偶、石棒、土版などが発掘されています。

土偶は、女性の形をしたものが多く、壊された状態で出土することがほとんどです。災いの身がわり、多産・安産祈願などさまざまな説がありますが、殺されたのちにからだから穀物などをうみだしたオオゲツヒメの神話にもとづいて、豊作を願ったものとも考えられています。

長野県茅野市の棚畑遺跡から発掘された縄文時代の土偶。一般にみられる壊された土偶とは異なり、完全な形で埋められたものである。（長野県茅野市所蔵、茅野市尖石縄文考古館提供）

日本の占いのはじまり

神さまをまつる儀式では、神さまの意思をきくことが重要とされます。そのための手段が占いです。古墳時代以前の日本では、鹿の骨を焼いて、そのひびの入り方でものごとを占う「太占」がおこなわれていました。卑弥呼 (→p10) の時代になると、太占は政治にも利用されていました。

太占は、日本神話にも登場します。イザナギとイザナミが神さまたちをうむとき、最初に不完全なヒルコという神さまがうまれます。なにがいけなかったのかを高天原の神さまに相談したところ、太占で占って教えてくれたといいます。また、アマテラスが弟のスサノヲの悪行におこり、天岩戸にとじこもってしまったとき、どうしたら出てきてくれるかを神さまたちが太占で占ったとされます。

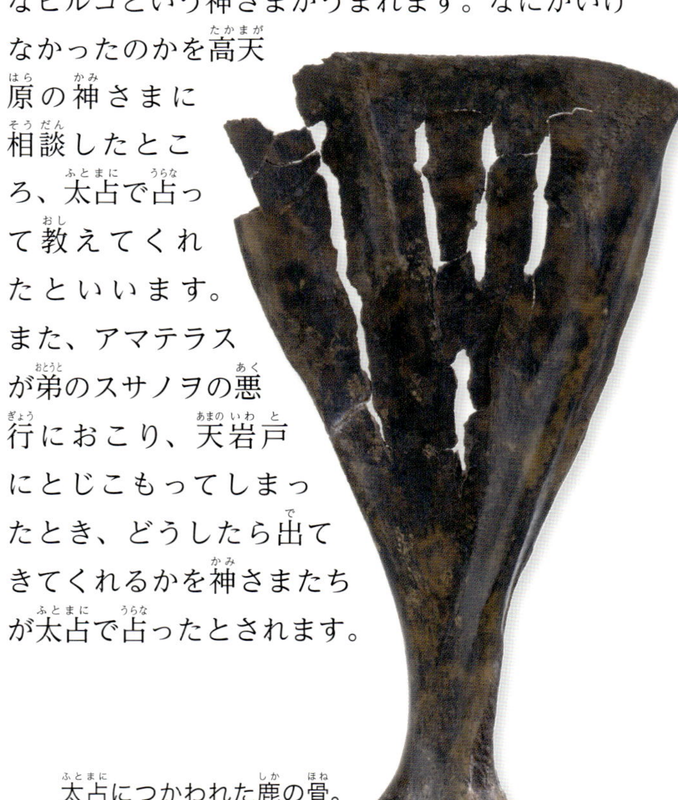

太占につかわれた鹿の骨。
（鳥取県埋蔵文化財センター提供）

絵／クミタ・リュウ

日本神話に出てくるまじない

日本神話の海幸彦（ホデリ）と山幸彦（ホヲリ）という兄弟の物語に、呪文（ことば）によるまじないが登場します。

つりの得意な兄の海幸彦と、狩りの得意な弟の山幸彦という兄弟がいました。ある日、弟の提案でふたりの道具を交換しましたが、山幸彦は兄のだいじなつり針をなくしてしまいました。山幸彦はシオツチノオジという神さまの助言を受けて、海の神さまであるオオワタツミの宮殿へ行きます。オオワタツミは海幸彦のつり針をみつけてくれ、さらに「つり針を兄にかえすとき、『コノチハ、オボチ・ススチ・マヂチ・ウルチ』＊**ととなえながら、うしろ手にして針をわたしなさい」といって、つり針と、潮の満ち引きをおこすふたつの玉をくれました。兄のところに帰った山幸彦がオオワタツミのいうとおりにすると、貧しくなった兄がおこってせめてきました。山幸彦がふたつの玉でくりかえし兄を苦しめると、海幸彦は降参し、弟につかえて守護することをちかいました。**

山幸彦が海幸彦につり針をわたすときの呪文は、ことばのもつ力を利用したまじないです。つり針によくない意味をもつことばの力をこめることで、そのつり針をもつ人間に不運をもたらそうとしたのです。うしろ手にわたすのは、不運が自分にふりかからないようにするという意味があるとも考えられます。

＊「このつり針は、ゆううつになる針、いらいらする針、まずしくなる針、おろかになる針」という意味。

卑弥呼

卑弥呼（？〜248年前後）は、弥生時代後期に邪馬台国という国をおさめていた女王とされる人物です。中国の歴史書『三国志』には、「鬼道（占いやまじない）の名人」と記されています。

邪馬台国の女王に

現存する日本最古の歴史書は、奈良時代の712年に書かれた『古事記』です。しかし、そこには卑弥呼に関する記述はありません。いっぽう、中国の歴史書のなかには卑弥呼が登場します。３世紀ごろ、中国は魏・呉・蜀の３つの国にわかれていました。この時代を記録した『三国志』のうち、魏について書かれた部分には、倭の国（日本）のことが書かれています。この部分は日本で一般的に「魏志倭人伝」とよばれており、日本の国がかたちづくられるようすを知るための、貴重な記録といえます。

当時の日本は「倭」とよばれており、100あまりの国があらそいあっていました。邪馬台国はそのなかのひとつで、20数か国を支配する大きな国だったようです。もともと邪馬台国は男の王がおさめていましたが、王の死後に国が乱れ、戦いが長くつづきました。そこで、邪馬台国を平和な国にするために卑弥呼が女王に選ばれました。

鏡をもっている卑弥呼の像。（大阪府立弥生文化博物館所蔵）

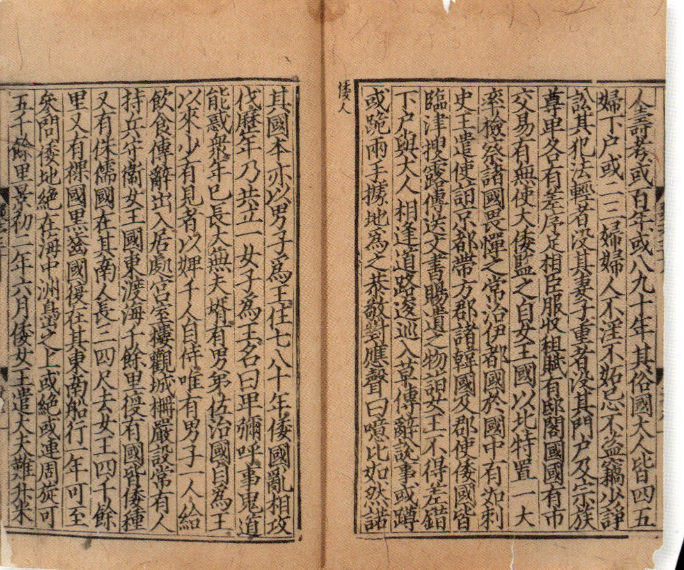

倭人

人壽考或百年或八九十年其俗國大人皆四五
婦下戶或二三婦婦人不淫不妒忌不盜竊少諍
訟其犯法輕者沒其妻子重者沒其門戶及宗族
尊卑各有差序足相臣服收租賦有邸閣國國有市
交易有無使大倭監之自女王國以北特置一大
率檢察諸國畏憚之常治伊都國於國中有如刺
史王遣使詣京都帶方郡諸韓國及郡使倭國皆
臨津搜露傳送文書賜遺之物詣女王不得差錯
下戶與大人相逢道路逡巡入草傳辭說事或蹲
或跪兩手據地爲之恭敬對應聲曰噫比如然諾

其國本亦以男子爲王住七八十年倭國亂相攻
伐歷年乃共立一女子爲王名曰卑彌呼事鬼道
能惑衆年已長大無夫壻有男弟佐治國自爲王
以來少有見者以婢千人自侍唯有男子一人給
飲食傳辭出入居處宮室樓觀城柵嚴設常有人
持兵守衛女王國東渡海千餘里復有國皆倭種
又有侏儒國在其南人長三四尺去女王四千餘
里又有裸國黒齒國復在其東南船行一年可至
參問倭地絶在海中洲島之上或絶或連周旋可
五千餘里景初二年六月倭女王遣大夫難升米

「魏志倭人伝」の一部。卑弥呼について書かれている部分は少なく、今でも卑弥呼の生涯には謎が多い。（宮内庁書陵部所蔵）

占いやまじないの名人

「魏志倭人伝」には、「倭の人たちは、なにかにつけてよく占いをする」と書かれています。なかでも卑弥呼は、「鬼道の名人で、人びとをおどろかせるような奇跡をおこなうことができる」人物でした。「鬼道」とは、占いやまじないのことをさしていると考えられます。卑弥呼は太占など、さまざまな占いの方法を身につけていたといわれています。

災害があればはやくしずまるように、戦いがおこれば味方が勝つようにと、あらゆる場面で神さまをまつり、祈り、神さまの声をきくことが、強い力をもつ巫女としての卑弥呼の役割でした。

古代、鏡はまじないの道具として、また自分の権威をほこるしるしとして、つかわれていた。東北から九州までの各地で出土している「三角縁神獣鏡」は、卑弥呼が魏の皇帝からおくられたものとする説もある。

（神原神社古墳出土「三角縁神獣鏡」文化庁所蔵、島根県立古代出雲歴史博物館提供）

卑弥呼の暮らし

女王になってからの卑弥呼は、やぐらのように高くつくられた「高殿」とよばれる建物にすみ、だれにもすがたをみせずに暮らしていたようです。身のまわりのことをするため、1000人ほどの女性が卑弥呼に仕えていたとされています。邪馬台国の政治は、卑弥呼から伝えられる神さまのことばにしたがって、卑弥呼の弟がとりおこなっていました。また、卑弥呼は年をとっても結婚をしませんでした。卑弥呼が死んだあと、男の王になってふたたび戦がはじまりましたが、卑弥呼の一族の娘である壱与が女王になったといわれます。

このように、結婚をしないこと、むやみにすがたをみせないこと、一族の女性があとをつぐことなどは、神さまに仕える身分の高い女性のならわしでした。

卑弥呼が暮らしていた高殿の模型（中央左）。

（大阪府立弥生文化博物館所蔵）

古代の占い・まじない

国がしだいに大きくなってくると、呪術者が国をおさめる時代が終わります。国をおさめるしくみが整ってくるにつれて、占いやまじないは国によっておこなわれるものになっていきます。

国の重要なことを決める亀卜

古墳時代になると、中国から伝わったさまざまな文化が日本でもとりいれられるようになります。そのひとつが「亀卜」です。亀卜は亀の甲羅（亀甲）を焼いてできたひびの形でものごとを占うもので、殷の時代の中国でさかんにおこなわれました。中国ではもっとも神聖な占いとされ、国の重要なことは亀卜で決められていました。

飛鳥時代に入り、日本が律令制度*をとりいれると、亀卜は太占のかわりに、日本の政治でもさかんにもちいられるようになりました。奈良時代になると、宮中で祭祀をおこなう「神祇官」のなかに、亀卜をおこなう専門の役職「卜部」が登場しました。

*法律にもとづいて運営される、中央集権的な国家の統治体制。日本では、645年の大化の改新のあとにしだいにととのえられ、701年の大宝律令の制定で確立された。

亀甲で占う際には表面に「ト」と線を引いて、裏面を火であぶって表面にできたひびと「ト」の線との関係から神意を判断した（写真は未使用のもの）。（大将軍八神社所蔵）

仏教の力で国をまもる

中国から伝わった知識のなかで、日本にもっとも大きな影響をあたえたのは仏教です。『仁王般若経』や『金光明最勝王経』、『法華経』という仏教の経典では、国王や人びとが仏教を信仰してこれらの経典をとなえると、国家の平和がまもられるとされています。仏教の教えで国家の災いをしずめて平和をまもろうとするこの思想を、「鎮護国家」といいます。日本でも、これらの経典にもとづいた法会がさかんにおこなわれました。とくに、奈良時代にききんや疫病の流行などに悩まされた聖武天皇は、国ごとに国分寺をたてさせたり、大仏を本尊とする東大寺を建立したりと、仏教をあつく信仰しました。

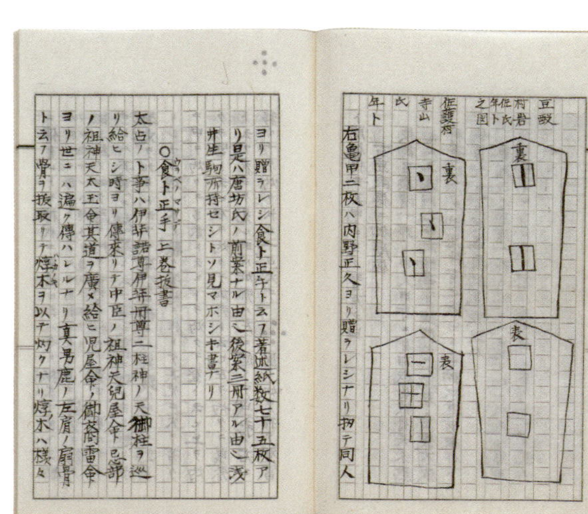

明治時代に記された対馬に伝わる亀卜の方法の聞き書き。ひび割れの判断方法などが記されている。

（国立歴史民俗博物館所蔵）

陰陽寮の設置

仏教とともに、中国の「陰陽五行思想」も日本に伝来しました。これは、この世のあらゆるものを「陰」と「陽」の性質をもつものと、木・火・土・金・水の５つの要素とにわけ、その組みあわせから物事がおこると考える思想です。古代中国では、天文学や医学、暦、風水や方位といった地理学など、さまざまな科学分野の基本思想となっていました。そして、この思想はさまざまな占いにも応用されました。

飛鳥時代、天武天皇は国の重要な政務をおこなう中務省のなかに、新しく「陰陽寮」を設置しました。陰陽寮には占いをつかさどる陰陽部門、毎年の暦をつくる暦部門、天文や気象を観測する天文部門、水時計を管理し時刻を知らせる漏刻部門がおかれました。そしてそれぞれに専門職である博士や、その分野について学ぶ学生が配置され、それぞれの技術が国家運営のためのものとして管理されました。

滋賀県大津市の近江神宮には復元された漏刻があり、時の記念日の６月10日には漏刻祭がおこなわれる。

（近江神宮提供）

陰陽寮の機構

行政など

- **陰陽頭** …1人
  ▶天文や暦、気象などに異常があれば天皇に伝え、判断をあおぐ
- **陰陽助** …1人
- **陰陽允** …1人
- **陰陽大属** …1人
- **陰陽少属** …1人
- **使部** …20人 ▶下級役人
- **直丁** …3人 ▶下級役人

陰陽

- **陰陽博士** …1人
  ▶陰陽生などを教える
- **陰陽師** …6人
  ▶吉凶を占い、方位をみる
- **陰陽生** …10人
  ▶陰陽を学習する

暦

- **暦博士** …1人
  ▶暦をつくり、暦生などを教える
- **暦生** …10人
  ▶暦法を学習する

天文

- **天文博士** …1人
  ▶天文を観測し、天文生を教える
- **天文生** …10人
  ▶天文を観測し、学習する

漏刻

- **漏刻博士** …2人
  ▶守辰丁を率い、水時計をみる
- **守辰丁** …20人
  ▶水時計をみて、時刻ごとにかね・たいこをたたく

平安時代の占い・まじない

平安時代に入ると、自然災害や疫病、事件などは怨霊や悪霊がひきおこすものだとする考えが強く信じられました。たたりをもたらすものは非常におそれられ、それをはらうために占いやまじないがおこなわれました。

都を「四神相応の地」へ

794年、桓武天皇は現在の京都市のあたりに平安京をつくり、都を移しました。じつは桓武天皇は、784年にも長岡京という新しい都をつくっています。たったの10年で都を移した理由は、国に災いをもたらす怨霊（→p28）からのがれるためでした。

この地を選んだ理由は、ここが「四神相応の地」とされるためです。これは中国の風水の考え方で、東をまもる青龍は川を、西をまもる白虎は大きな道を、南をまもる朱雀は湖を、北をまもる霊獣・玄武は山を好むというものです。京都は、東に鴨川、西に山陽道・山陰道、南に巨椋池、北に船岡山・鞍馬山をかまえる土地であり、四神がその内側をまもってくれると考えたのです。

まじないでまもられた平安京

桓武天皇は日本的なまじないの力もとりいれました。陰陽道（→p16）では、北東は鬼が出入りする「鬼門」の方角とされます。そのため、御所の北東にある比叡山には、天台宗の開祖・最澄が一乗止観院（のちの延暦寺）を建立しました。さらに、もとからあった上賀茂神社（賀茂別雷神社）・下鴨神社（賀茂御祖神社）の社殿を新たにつくりました。また、古代の磐座信仰*にもとづき、東西南北に巨石をまつる岩倉をおきました。

加えて、以前の都であり、怨霊にたたられた平城京や長岡京のある南側には、羅城門をもうけました。その内側には、国の平安をまもるために東寺（教王護国寺）と西寺を建立しました。平安京は、さまざまなまじないの力にまもられた都市だったのです。

*巨石には神さまがやどるという信仰。

平安京の復元模型。（京都市歴史資料館所蔵）

すぐれた呪術力をもつ空海

怨霊や悪霊を非常におそれた平安時代の人びとは、それらをうちやぶってくれる力をもとめました。そのひとつが密教にもとづくまじないです。

密教とは、人びとに広く教えをとく仏教とはことなり、師匠から弟子へと教えを受けついでいく門外不出の仏教です。奈良時代、国によって保護された仏教は大きな力をもち、ついには僧侶が天皇になろうとして、うその神託をつくるという事件までおこりました。平安時代には、奈良の寺院などの仏教勢力が朝廷から遠ざけられましたが、鎮護国家のための力は必要とされました。そこでとりいれられたのが密教です。

日本にはじめて密教を紹介したのは最澄でしたが、唐で本格的に密教を学び、正式に日本に伝えたのは、真言宗の開祖･空海（弘法大師）でした。空海は806年に高野山に金剛峯寺*1を開きました。空海は、密教の深い知識とすぐれた呪術力をもっていて、雨ごいや、国家をしずめまもるために加持祈祷*2をおこない、はなばなしい業績を残しました。現在でも全国各地に、空海がおこした奇跡の伝説が数多く残っています。

*1 和歌山県伊都郡高野町にある高野山真言宗の総本山。
*2 災いや病気などをはらうためにおこなう儀式や祈り。

「弘法大師像」（金剛峯寺所蔵）

密教と貴族の生活

お経や真言*3をとなえれば願いをかなえてくれるという「現世利益」をもたらす密教は、朝廷や貴族たちのあいだでもてはやされました。国をまもるためにとりいれられた密教は、しだいに個人的な目的にも利用されるようになりました。たとえば、貴族が病気になると、僧侶がよばれて加持祈祷をおこないました。また、もののけがあらわれたときには、密教僧が祈祷によって悪霊をうちたおす「調伏」をおこないました。とくに、平安時代中期に栄華をきわめた藤原氏は、密教勢力と結びつき、朝廷での一族の権力を強めることに成功しました。

*3 仏さまなどの教えや真理がこもったことば。

空海によって伝えられた密教の教えにもとづき、護摩木という特別な薪をたいてご本尊に祈る僧侶。
(成田山蓮華不動院提供)

陰陽道

怨霊や悪霊をおそれる朝廷や貴族たちの生活にかかせないもうひとつの力が、陰陽道による占いとまじないです。陰陽道とは、陰陽寮（→p13）という役所を基盤に平安時代に日本で成立したものだと考えられています。

陰陽寮の陰陽部門で学ばれていた占いの技術は、陰陽五行思想（→p13）をもとに、密教、地形や方位などの吉凶を判断する風水思想、中国の民間信仰である道教などのさまざまな要素がとりいれられ、日本独自の「陰陽道」へと進化をとげました。

江戸時代初期の奈良絵本『たま藻のまへ』に描かれた、算木で占いをおこなう陰陽師（右）。
（京都大学附属図書館所蔵）

陰陽師

陰陽寮に所属する陰陽師は、もともと国のためにはたらく役人をさすことば（官職名）でした。しかし、陰陽道が定着していくにつれて、陰陽師は占いやまじないをおこなう宗教者の一般的な職業名として用いられるようになっていきます。大きな災いがおこったときはもちろん、日常生活のなかで悪いことがおこったり病気になったりしたとき、人びとは陰陽師をよびました。災いをおこしているものはなんなのか、たたりの理由はなんなのかを占ってもらうためです。たたりの原因がわかると、人びとはそれをはらう力も陰陽師にもとめました。

９世紀後半になると、陰陽師によるたたりばらいのまじないや雨ごいの祈祷などもさかんにおこなわれるようになりました。

陰陽寮でおこなわれた占い（式占）につかわれた式盤の復元模型。占いに必要な文字や記号が記されている。

（国立歴史民俗博物館所蔵）

平安時代の陰陽師・安倍晴明の肖像画。

（室町時代、阿倍王子神社蔵）

武士と占い・まじない

平安時代は貴族たちが中心となった時代ですが、武芸で朝廷につかえる人びともいました。９世紀の末に、宮中の警護を任務としたのが滝口の武士です。滝口は、鳴弦（矢をつがえない弓の弦を手で引き、音をならすこと）や流鏑馬（走る馬にのったまま、音の出るかぶら矢を射て的にあてること）をおこない、宮中にあらわれた悪霊や邪気を追いはらっていました。武器をまじないの道具としてつかうことは弥生時代からおこなわれていましたが、このようなまじないは、武芸にすぐれた人がおこなうほうがよいとされます。

神奈川県鎌倉市の鶴岡八幡宮でおこなわれる流鏑馬。

（鎌倉市観光協会提供）

もっと知りたい

安倍晴明

平安時代、朝廷や貴族たちのあいだで非常に頼りにされた陰陽師。なかでも最強の陰陽師として知られているのが、安倍晴明です。

伝説の人物・安倍晴明

安倍晴明は、さまざまな伝説が残っている人物です。まず晴明は、父・安倍保名と、「葛の葉」という女性に化けた白いきつねとのあいだに生まれたとされます。また、少年時代に陰陽師の師匠である賀茂忠行のおともをしているとき、夜道に鬼のすがたをみて師匠に知らせ、陰陽道の才能をあらわしたといわれます。しかしこれらは、晴明を主人公にして後世につくられた物語のなかで語られている伝説であり、実際の人物像はことなっているようです。

晴明は、宮中の食事をつかさどる役人だった安倍益材の子としてうまれたとされます。若いころの経歴は残っていませんが、40歳ごろに天文得業生*であったようです。初期の陰陽寮では、天文・暦・陰陽の各部門をそれぞれの専門職が担当することになっていましたが、このころは人材も不足し、陰陽師としてすぐれた腕をもつ賀茂忠行がすべてを統括していました。また、忠行の子である賀茂保憲も優秀な陰陽師でした。晴明は、忠行・保憲親子から陰陽道の指導を受け、めきめきと頭角をあらわしました。

保憲は晴明の才能をみぬき、賀茂家に伝わる陰陽道のうち、暦に関する知識・技術を自分の子の賀茂光栄に、天文に関する知識・技術を晴明に伝えました。以降、陰陽道のうち暦道を賀茂家が、天文道を安倍家が代だい受けつぎ、このふたつの家系が陰陽道の二大勢力となっていきます。

*陰陽寮に所属し、将来の博士候補として天文を学ぶ学生から選抜された者。

◀安倍晴明の母親は、「葛の葉」という名前の白いきつねだったとされる。(豊国三代『芦屋道満大内鑑』、和泉市教育委員会提供)

▶京都市にある晴明神社の井戸「晴明井」には晴明が念力で湧きださせたという言い伝えがあり、この水を飲むと病気平癒にご利益があるとされている。

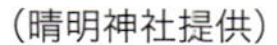

(晴明神社提供)

絵／クミタ・リュウ

天文道と晴明

中国では、空におこる異変は天にいる神さまの意思のあらわれとされ、その意味を読みとく占星術「天文占」が発達しました。この体系をとりいれたのが日本の「天文道」です。

陰陽寮の天文博士は、天文現象や気象現象を観測し、異変があったときは文書にして、ひそかに天皇に知らせます。これを「天文密奏」といいます。星や惑星の異常な輝きやいつもとことなる動き、日食・月食、すい星・流星の出現、太陽や月にかさがかかるなど、ふだんではみられない異変について記し、中国伝来の天文占を利用して、どのようなできごとの前ぶれなのかを記します。安倍晴明は、51歳のころには天文博士になっていたようです。

晴明の占いや予知の名声はきわめて高く、『今昔物語集』『宇治拾遺物語』『大鏡』などの説話文学には、晴明に関する多くの話が残っています。保憲の死後から85歳でなくなるまで、陰陽寮でもっとも強力な陰陽師として活躍し、天皇や有力貴族からあつく信頼されました。

晴明があやつる式神

安倍晴明が活躍する話には、たびたび式神が登場します。式神とは、陰陽師が自分のまじないの力であやつる鬼神のことです。晴明は、ふだんは式神を一条戻橋の下に封じこめ、用事があるときによびだしていたとされます。『宇治拾遺物語』に、つぎのような話があります。

晴明はひとりの青年貴族がカラスにふんをかけられるのをみて、そのカラスが式神であり、青年がのろわれたことに気づきます。晴明は青年の家へ行き、日がくれてから夜が明けるまで、青年を抱きかかえて呪文をとなえつづけ、青年は助かりました。しかし、晴明に術をみやぶられ、式神を送りかえされた陰陽師は死んでしまいました。陰陽師は、青年の妻の姉妹と結婚した貴族の依頼を受けていました。その貴族は、妻の実家が青年ばかりを頼りにして、同じむこであるのに自分を無視することをねたみ、青年をのろい殺そうとしたのでした。

このように、呪術対決で晴明が負けることはなかったとされます。

戦で勝つための占い・まじない

鎌倉時代から安土桃山時代にかけて、政治が乱れて日本各地で戦がおこるようになりました。戦において、もっとも重視されるのは戦力や戦術などの実質的な武力でしたが、勝利をまねくために占いやまじないも用いられました。

勝利を祈るまじない

鎌倉時代の1274年と1281年、元（モンゴル帝国）の軍が二度にわたって日本にせめてきました。元の武力をおそれた鎌倉幕府は、全国の神社や寺院に日本勝利の加持祈祷をおこなわせました。船でせめてきた元軍は、二度とも暴風によって大打撃を受けましたが、この暴風は神仏がふかせた「神風」とされました。また、神仏が戦場に出て戦ったという伝説も残っています。

鎌倉時代に発展した修験道

戦がおこり、不安をかかえた人びとは、救いをもとめて占いやまじないに頼りました。日本古来の山岳信仰と、神道や仏教、道教が結びついた民間宗教を修験道といいます。修験道では、神聖とされる山に入ってきびしい修行をすることで呪術力を得て、さまざまなまじないをおこなうことができるとされます。修験道の修行をおこなう人びとは修験者、または山伏とよばれます。

鎌倉時代に入ると、修験道は大いに発展します。さまざまなまじないの方法で悪霊を退散させ、病気の回復や敵への攻撃、豊作祈願や雨ごいなどを実現してくれる山伏は、庶民のあいだでもてはやされました。

元の軍が襲来したときに戦った御家人、竹崎季長を主人公とする絵巻。

（『蒙古襲来絵詞』部分、宮内庁三の丸尚蔵館所蔵）

軍配うちわ

戦国時代になると、より綿密にねられた戦術で、組織的に戦がおこなわれるようになります。武将たちのもとで、軍の配置や立ちまわりを指揮する人を「軍配者」といいます。

軍配者は、戦をはじめる日、せめる方角、兵の配置などを決めるために、吉凶を占いました。また、戦の最中の天気の変化などを予測するために、天文を観察して雲や風の動きも占いました。戦において、天気は勝敗を左右する重要な要素です。たとえば、若かった織田信長の小さな軍が、桶狭間の戦いで今川義元の大軍をやぶることができたのは、はげしい雨にまぎれてせめこんだからだといわれます。

軍配者が戦場で軍を指揮するときに用いた軍配うちわには、魔除けの道具、招福の象徴としての側面もあります。十二支や二十八宿、方位・方角、太陽・月・星といった天文など、占いに関係の深いことばや絵、梵字*が書かれたものも多く残っています。

*古代インドでサンスクリット語を書くのに用いたブラーフミー文字とその系統の文字。

黒漆の軍配うちわ。総長約49cm、最大幅約18cm。室町時代の作とされる。（「漆皮軍配（伝太田道灌奉納）」、石岡市教育委員会提供）

金漆の軍配うちわ。総長約45cm、最大幅約18cm。安土桃山時代の作とされる。表には十二支が書かれている。（「漆皮軍配（伝佐竹義宣奉納）」、石岡市教育委員会提供）

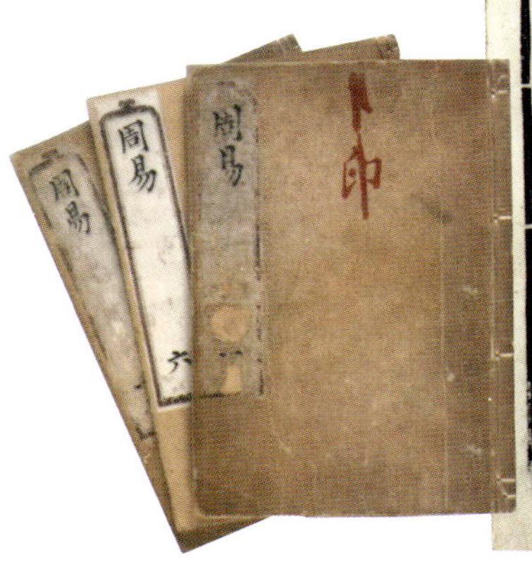

中国で南宋時代に刊行された占いの書『周易注疏』。国宝に指定されている。（足利学校所蔵）

日本最古の学校として知られる足利学校は、易学（易という占いに関する学問）を中心に兵学や医学などを教え、優秀な軍配者を数多く育てた。

天候の占い・まじない

米の栽培には、大量の水が必要です。雨がふらない期間が長くつづくと凶作になり、食料不足になってしまいます。農耕技術や灌漑技術が高度に発達する近代まで、人びとは占いやまじないに頼って、雨がふるように願ってきました。

国家による雨ごい

古代の日本では、雨の少なさがもたらす凶作やききんの責任は、国の最高権力者である天皇にあるとされました。天皇は亀卜（→p12）などでその年の天候を占わせ、ほどよく恵みの雨がふるよう願いました。実際に雨がふらなければ、さまざまな手段で雨がふるよう願うまじない「雨ごい」をおこないました。密教、神道、陰陽道、修験道などの宗教のちがいにかかわらず、すぐれた雨ごいの術をもつ人物は高い地位と名声を手に入れました。

京都市の貴船神社本宮。雨をつかさどる神さまであるタカオカミノカミ・クラオカミノカミをまつっており、古くから天皇が雨ふりや雨やみなどを祈願してきた。干ばつのときには黒馬を、長雨のときには白馬を奉納していたことから、生きた馬のかわりに奉納するための「絵馬」が誕生したとされる。

平安時代中期に活躍した真言宗の僧侶・仁海は、神泉苑で雨ごいを９回おこない、そのたびに雨をふらせたために「雨僧正」とよばれてあがめられた。（随心院所蔵）

神泉苑の池

神泉苑は、794年に平安京遷都をおこなった桓武天皇が平安京の南に禁苑（天皇のための庭園）として建設しました。

神泉苑の池には、雨をふらせる力をもつ善女龍王という神さまがすんでおり、どのような干ばつの年でも池がかれることはないといわれています。824年、淳和天皇の命により神泉苑で雨ごいをおこなっていた空海が、インドから善女龍王をよびよせ、みごとに雨をふらせたという話が伝えられています。

神泉苑の法成橋。心に願いを念じながら法成橋をわたり、その願いを池のなかの善女龍王に伝えるとかなうといわれている。

民間の雨ごい

恵みの雨を切実に願う気持ちは、実際に米をつくっている人びとも同じです。民間にも、雨ごいのまじないの手法が数多く伝わっていました。なかには、雨ふりをもたらしてくれるまじないとして現在もおこなわれているものや、民俗芸能として受けつがれているものもあります。

☆おこもり（参籠）

集落の人びとが交代で地元の神社などに何日もとまりこみ、昼も夜も雨ふりを祈りつづける方法。

☆お百度まいり

雨ごいにご利益のある神社や、地元の神社などに100回おまいりをして、雨ふりを祈る方法。

☆雨ごいおどり

かねやたいこを打ちならし、歌ったりおどったりして雨ごいをする方法。

☆もらい水

雨ごいにご利益のある神社などの水をもらってきて、地元の神社にそなえたり、池などにまいたりする方法。水のかわりに火をもらい、その火でたき火をすることもある。

長野市の戸隠神社で６月におこなわれる種池祭。戸隠地方の山奥にある種池という池からもらってきた水を戸隠神社にそなえ、神主に雨ごい祈願をしてもらってから水田にまくと、恵みの雨がふってくると信じられている。（戸隠神社提供）

☆神さまをおこらせる

水の神さまや龍神がすむといわれる池や滝つぼなどに、石や不浄なものを投げこむことで神さまをおこらせ、そのたたりとしての雨ふりを期待するという方法。

☆千駄たき・千把たき

山や丘の上にたきぎやわらなどを積みあげ、火をつけて大きなたき火をする方法。火を消すために神さまが雨をふらせると信じられていた。

香川県は昔から水不足になやまされてきた地方で、さまざまな雨ごい行事が伝わっている。まんのう町に伝わる「綾子踊」は、現在は二年に一度、加茂神社に奉納されている。1976年に重要無形民俗文化財の指定を受けた。（まんのう町教育委員会提供）

豊作・大漁の占い・まじない

農作物の豊作・凶作や漁業の大漁・不漁は、人びとの生活を左右する重大な関心事です。食料を豊富に確保し、経済的にも豊かに暮らせるよう、人びとは占いやまじないの力に頼りました。

豊凶を占う「年占」

朝廷がおこなわせる亀卜などの占いでは、天候と同じように、農作物の豊作と凶作（豊凶）を占うことも重要とされていました。また、民間にも豊凶を占うさまざまな方法が伝わっています。このように、年のはじめにその年の天候や農業・漁業の豊凶などを占うことを「年占」といいます。

☆綱引き・すもうなど

勝負ごとをおこない、その勝敗によってその年の農業・漁業の豊凶を占う風習は全国的にみられる。もっとも一般的にみられるのは綱引きだが、そのほかにすもう、競馬、龍船競争（→p27）などがある。

☆弓祈祷

弓を射て、的へのあたりぐあいで豊凶や吉凶を占う方法。流鏑馬も年占の一種としておこなわれる。現在では、厄ばらいや豊作祈願としておこなう神社も多い。

愛媛県今治市の姫子島神社で毎年2月におこなわれる「姫子島神社弓祈祷」。

☆粥占・豆占

できあがった粥に棒を入れてかきまわし、棒を引きあげたときについている米つぶの数で占う方法などがある。

長野県の諏訪大社下社で毎年1月15日におこなわれる筒粥神事。米と小豆と葦の筒を大鍋にいれて一晩中粥を炊き、15日未明に筒を割り、なかに入りこんだ粥の状態で豊凶を占う。（下諏訪観光協会提供）

豊作を祈る小正月

豊作を祈る民間の風習には「もち花」があります。これは、ヤナギなどの枝に小さくちぎったもちやだんごをたくさんつけたもので、1月15日を中心とした小正月に、神だなや床の間などにかざります。東北・関東・中部地方など養蚕*がさかんな地域では、もちやだんごをカイコのまゆの形につくった「まゆ玉」をつけてかざります。

アワの穂やヒエの穂をかたちづくったつくりものをかざる風習も各地でみられます。

*カイコを育て、そのまゆから絹糸をつくる産業。

アワの穂とヒエの穂に見立てた小正月のかざり。

（中之条町歴史と民俗の博物館「ミュゼ」所蔵）

川崎市立日本民家園の旧北村家住宅では毎年もち花がかざられる。

祈年祭と新嘗祭

豊凶の占いと同時に、朝廷では五穀豊穣を願う儀式もおこなわれました。代表的なものが祈年祭や新嘗祭です。祈年祭は「としごいの祭り」ともいい、春に豊作を祈る行事です。また、新嘗祭は秋に収穫を感謝し、国の安泰と翌年の豊作を祈る行事です。新嘗祭では、天皇が新しい穀物を神さまにささげ、自分でも食べます。祈年祭や新嘗祭は飛鳥時代から宮中でおこなわれてきましたが、現在では全国の神社でもとりおこなわれます。

豊年祭「花のとう」

祈年祭とならんで豊作を祈り、祝う行事に、「豊年祭」があります。全国の豊年祭としては、春におこなわれる前祝い行事と、秋におこなわれる収穫祭とがありますが、春におこなわれるもののひとつが愛知県名古屋市・熱田神宮の「花のとう」です。毎年5月8日から13日にかけておこなわれ、境内に水田と畑の模型がかざられます。そのようすをみて、農業関係者はその年の天候やよく育つ作物などを占います。

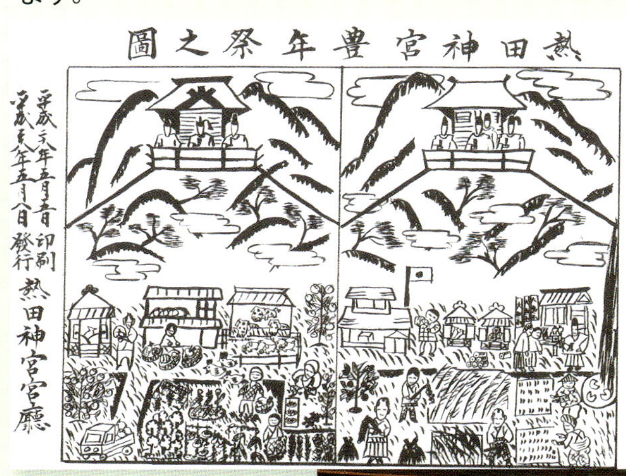

「花のとう」では、豊年絵図（上）をもとにつくられた人形劇のような畑の模型をみて、その年の農作物のできを予想する「作占」をおこなう。

（熱田神宮提供）

田の神さまをまねく田植え

稲作で重要な行事のひとつが田植えです。その年はじめての田植えでは、田の神さまを水田にまねき、豊作を祈るためのまじないをする地域が多くみられます。大規模なところになると、おはやしにあわせて歌をうたいながら集落の人びとが総出で田植えをする大田植*がおこなわれます。

このとき田植えをおこなうのは、「早乙女」とよばれる女性の仕事です。男性は、苗を運んだり牛にしろかきをさせたりと、力仕事を担当します。その日に食べる昼食は、田の神さまとともに食べる神聖な食事とされます。

*花田植、囃子田、御田植祭などの名でよばれる。

田の神さまを迎えるあえのこと

田の神さまを家に迎えてもてなし、豊作を感謝する行事として、石川県奥能登地方の「あえのこと」が知られています。毎年12月５日、この地方の農家の人びとはごちそうを用意し、自宅に田の神さまをまねきます。この日、家の主人は紋付はかまで正装し、水田に神さまを迎えにいきます。家ではお風呂まで案内して入浴してもらったり、ひとつひとつの料理を説明して食べてもらったりします。田の神さまのすがたはみえませんが、本当にそこにいるかのようにふるまうのです。そして、きびしい冬をあたたかい家で家族とともにすごしてもらい、翌年の２月９日に水田へと送ります。

広島県北広島町で毎年６月におこなわれる「壬生の花田植」で田植えをする早乙女。（北広島町観光協会提供）

田の神さまは夫婦であるとされるので、ごちそうなどもふたり分の用意がされる。料理は、神さまの食事が終わったころあいをみはからい、おさがりとして家族で食べる。（石川県能登町ふるさと振興課提供）

安全と大漁祈願のまじない

海にかこまれた日本では、食料を手に入れる手段として、漁業もさかんにおこなわれてきました。海での安全と豊漁を願っておこなわれるまじないも、海ぞいの地域に伝わっています。

☆エビス信仰

エビスは漁業の神さまとして信仰されている。エビスは、イザナギ・イザナミのあいだに最初にうまれた不完全な神さま・ヒルコと同じ神さまともいわれており、ヒルコが船にのせられて海に流されたという神話から、海のむこうからおとずれて福をもたらす存在と信じられるようになった。海岸や船に流れついたものをひろい、大漁をもたらすエビスとしてまつる風習は、近年までつづけられていた。また、大漁祈願のために、エビスがタイをつりあげるようすを演じる「恵比寿舞」が各地に伝わっている。

兵庫県西宮市の西宮神社の祭神「エビス」がかかれた神札（御影札）。（『堀内ゑびすコレクション』公益財団法人白鹿記念酒造博物館所蔵、撮影／宮野正喜）

☆船霊さま

漁師たちが大切にしている船には、船のたましいであり、船や漁師をまもってくれる「船霊さま」がやどるとされる。船霊さまは女性の神さまとされているが、船にまつるご神体には男女一対の人形を用いることが多い。さいころや銅銭、女性の髪などとともに木箱におさめられ、帆柱の下や機関室など、船の中心部にまつられる。

徳島県阿南市伊島の船霊さま。木造漁船を新造した漁師らの依頼によりつくられた。このほか、おかじ（短く切った繊維状の麻の束）、真綿、障子紙２枚、紅白の水引２本、日の丸の扇子２本、小銭を船霊さまとしていた。（徳島県立博物館蔵）

☆おこもり石

静岡県伊東市にある三島神社では、「おこもり（参籠）」という風習があった。不漁のとき、若い漁師たちが神社に１週間こもり、神さまに大漁の祈願をする。そのとき、真夜中にだれにもみられないように海岸へ行き、手さぐりで一番最初にさわった石をもってかえって神社に奉納した。この１週間の終わりには、必ず大漁になったといわれている。

☆龍船競争

その年の漁の豊凶を占う方法として、船で速さをきそう「龍船競争」がある。現在では、海上安全と大漁を願った盛大な祭りとしておこなっている地域も多い。とくに沖縄では、「ハーリー（ハーレー）」とよばれる龍船競争が各地の漁港でおこなわれており、毎年多くの観光客でにぎわう。

疫病や災害をさけるための占い・まじない

疫病の流行や自然災害は、多くの人の命やおだやかな日常生活をうばう、大きな災いでした。朝廷をはじめ、人びとは災いをさけるために、さまざまなまじないをおこなって平穏無事を願いました。

菅原道真は、無実の罪を着せられ、左遷先の大宰府（現在の福岡県太宰府市）でなくなった。その後、さまざまな災いがつづいたため、道真に高い位があたえられ、京都に北野天満宮がつくられた。現在、道真は学問の神さまとして信仰を集めている。

怨霊と御霊会

奈良時代の終わりごろから、災害や疫病、ききん、大きな事件などの災いの原因として、うらみを抱きながら死んでいった人の霊がおこしたたたりだとする考え方が広まりました。人びとはそのような霊を「怨霊」とよんで、非常におそれました。そして、怨霊の名誉を回復し、神さまとしてまつったり丁寧にとむらったりすることで、そのいかりをしずめようとしました。このような信仰を「御霊信仰」といいます。

人びとは、密教や陰陽道などのまじないの力で怨霊をしずめ、災いをふせごうとしました。その方法のひとつが御霊会です。863年、早良親王など6人の怨霊をしずめるための御霊会が、御所の南東にある庭園・神泉苑で、朝廷によっておこなわれたことがはじまりです。御霊会は怨霊や疫病神をしずめる祭りとしてさかんにおこなわれるようになり、現在にまで伝わっています。

神泉苑でおこなわれた御霊会は、京都市の御霊神社（上御霊神社）の御霊祭となり、現在も5月18日におこなわれている。

病気やけがれをはらう行事

古代の日本では、災いや病気をもたらすものとして、鬼や悪魔などの存在も信じられていました。鬼を追いはらうための行事として、大みそかに宮中でおこなわれていたのが「追儺（鬼やらい）」です。中国の風習が飛鳥時代に日本へ伝わり、陰陽道の行事としてとりいれられました。記録によると、706年に疫病が流行して多くの農民がなくなったためにおこなったのがはじまりとされます。金色の四つ目がついた面をかぶり、黒い衣に赤い裳*を着た「方相氏」が、右手にほこ、左手にたてをもって鬼を追いはらうまねをしたといいます。節分に豆をまく風習は、追儺がもとになったものとされます。

*下半身にまとう衣。

北野天満宮の節分祭では、今でも平安時代に起源のある「鬼やらい」の儀式がおこなわれている。神楽殿では、福の神が鬼を追いはらう狂言が奉納される。

大祓

人びとの罪やけがれをはらい清め、災いや病気を防ぐことを目的として、宮中や神社では「大祓」という行事がおこなわれていました。飛鳥時代には正式に国家行事となっており、6月と12月の末日におこなわれることになっていました。6月のものを「夏越の祓」、12月のものを「年越しの祓」といいますが、大嘗祭*の前後や災害がおこったとき、疫病が流行したときなどにも臨時でおこなわれました。大祓は一時期とだえましたが、明治時代に復活し、現在でも皇室や全国の神社でおこなわれています。

寒川神社の大祓人形（形代）。6月と12月におこなわれる大祓式では、人形に名前、性別、生年月日を記入し、自分の身体をなで清め、息を三度吹きかけたものをおさめる。

夏越の祓では、多くの神社で「茅の輪くぐり」がおこなわれる。正式な作法にのっとって左まわり・右まわり・左まわりと3回くぐってから本殿におまいりすると、半年間病気をせず、健康にすごすことができるとされている。（寒川神社提供）

*天皇が即位後はじめておこなう新嘗祭。

さくいん

あ行

か行

さ行

た行

な行

は行

ま行

や行

ら行

わ行

■監修・序文（2～6ページ）

中町　泰子（なかまち　やすこ）

1966年神奈川県生まれ。神奈川大学大学院歴史民俗資料学研究科博士後期課程修了。現在、神奈川大学日本常民文化研究所特別研究員、創価大学非常勤講師。日本民俗学会、日本生活文化史学会、風俗史学会会員。2015年に第6回日本生活文化史学会賞受賞。著書に『辻占の文化史ー文字化の進展から見た呪術的心性と遊戯性』（ミネルヴァ書房）がある。占いや民間信仰、食文化に見える呪術性について研究をおこなっている。

■参考図書

『呪術・占いのすべて』著／瓜生中・渋谷申博　日本文芸社　1997年
『ねがい・うらない・おまじないー欲望の造形』監修／近藤雅樹　淡交社　2000年
『すぐわかる日本の呪術の歴史ー呪術が日本の政治・社会を動かしていた』監修／武光誠　東京美術　2001年
『稲の祭と田の神さまー失われゆく田んぼの歳時記』著／酒井卯作　戎光祥出版　2004年
『信仰と世界観（列島の古代史　ひと・もの・こと7）』編／上原真人・白石太一郎・吉川真司・吉村武彦　岩波書店　2006年
『疫神と福神』著／大島建彦　三弥井書店　2008年
『陰陽道の発見』著／山下克明　日本放送出版協会　2010年
『天皇と宗教（天皇の歴史9）』著／小倉慈司・山口輝臣　講談社　2011年
『日本巫女史』著／中山太郎　国書刊行会　2012年

■写真協力

表紙／鹿占神事（一之宮貫前神社提供）
安倍晴明の肖像画（阿倍王子神社蔵）
鶴岡八幡宮の流鏑馬（鎌倉市観光協会提供）
軍配うちわ（石岡市教育委員会提供）
卑弥呼の像・高殿の模型（大阪府立弥生文化博物館所蔵）
カバーそで／縄文時代の土偶（府中市教育委員会所蔵、府中市郷土の森博物館提供）
とびら／式盤の復元模型（国立歴史民俗博物館所蔵）
裏表紙／船霊さま（徳島県立博物館蔵）

この本の情報は、2016年8月までに調べたものです。今後変更になる可能性がありますので、ご了承ください。

編集・デザイン　こどもくらぶ（長野絵莉・信太知美）
文（8～29ページ）　村上奈美
DTP　株式会社エヌ・アンド・エス企画

みたい！ しりたい！ しらべたい！ 日本の占い・まじない図鑑
①国を動かし危機をのりこえる占い・まじない

2016年10月30日　初版第1刷発行　〈検印省略〉

定価はカバーに表示しています

監修者　中町泰子
発行者　杉田啓三
印刷者　金子眞吾

発行所　株式会社　ミネルヴァ書房
607-8494 京都市山科区日ノ岡堤谷町1
電話 075-581-5191／振替 01020-0-8076

印刷・製本　凸版印刷株式会社

ISBN978-4-623-07815-8
NDC387/32P/27cm
Printed in Japan

みたい！ しりたい！ しらべたい！

日本の占い・まじない図鑑

全3巻

監修 中町 泰子

27cm　32ページ　NDC387

オールカラー

❶国を動かし危機をのりこえる占い・まじない

❷人びとの幸せをかなえる占い・まじない

❸現代の暮らしやあそびのなかの占い・まじない